누군가 나를 검은 토마토라고 불렀다

박완호 시집

시인동네 시인선 138 박완호 시집

누군가 나를 검은 토마토라고 불렀다

시인동네

시인의 말

짜릿한, 결별의 순간이다.

언제까지라도 한결같은 자세로
슬픔의 슬하에 머무르기 위해,

돌아서려는 나를
누구도 불러 세울 수 없다.

2020년 10월
박완호

차례

시인의 말

제1부

오늘의 당신 · 13

토마토 베끼기 · 14

블랙 코드 · 16

별책부록 · 18

치명적인, · 20

한 무정부주의자의 기억 · 22

모르는 쪽으로 고개가 돈다 · 24

외길 · 26

파꽃 · 28

안녕, 가세요? · 30

봄을 의심하다 · 32

양계장 · 34

결 · 36

사월 초하루 · 38

제2부

구부러진 골목 · 41

허무답보(虛無踏步) · 42

진위천 · 44

물로 뛰어든 개구리를 보고는 · 46

엄마를 버리다 · 47

야사 읽는 밤 · 48

진심, 괴물 · 50

셈 치기 · 52

어떤 달이 소식을 물어왔다 · 54

시인의 근친 · 55

슬프지 않은데도 눈물 나던 · 56

토마토 기분 · 58

백곡 단장(斷章) · 60

봄 꿈 · 61

꼭 시가 아니라도 · 62

행성 번호 210 · 64

제3부

오늘의 나는, · 67

경계를 서성이는 동안 · 68

한낮을 헤매다 · 70

장미의 저녁 · 72

당신의 발음 · 73

개구리 · 74

모란 사구(四九) · 76

乙 · 78

탄천 · 79

실낙원 · 80

나사못 · 82

소낙비 · 84

피아노 · 85

나비의 전언 · 86

제4부

이슬 비친다는 말, · 89

나의 새들, · 90

폐가로군요 · 92

페달 소리 · 94

슬플 때는 왼손을 써요 · 96

빈집 · 98

남해 여사 · 99

나는 전속력이다 · 100

간절곶 · 102

춘설(春雪) · 104

도돌이표 엄마 · 105

몸빛, 아버지 · 106

쑥꽃 · 108

마성(麻城) 터널 · 109

막차 · 110

해설 치명적으로 붉은, 검정(어둠)의 세계 · 111
     김정배(문학평론가·원광대 교수)

제1부

오늘의 당신

  오래된 당신의 필체를 쏙 빼닮은 바람의 수화를 읽는다 폐쇄된 간이역의 녹슨 출입문처럼 삐걱거리는 신호 대기음 앞에서 자꾸 주춤거리는 글자들, 지금은 아무에게도 전이되지 않을 슬픔의 철자법을 따로 익혀야 할 시간이다

  느린 걸음으로 골목을 빠져나가는 키 작은 그림자, 휑한 옆구리 쪽으로 글썽해진 바람이 비껴간다 갈팡질팡하는 나뭇가지에 불규칙적으로 내려앉는 눈발들, 우편함에 쌓이는 주소 불명의 편지들, 낯선 곳을 지나고 있을 사람의 안부가 문득 궁금해졌다

  언젠가 무너지기 위해 똑바로 서는 기둥들처럼 나는 또 어디선가 무릎을 감싸고 주저앉기 위해 이 자리를 단단히 버텨야 한다 어딘가에서 첫 햇살에 아려오는 눈을 비비고 있을 오늘의 당신이듯

토마토 베끼기

 토마토의 불안을 본다, 는 문장을 쓰고 있을 때 그가 문을 열고 들어왔다 마침표를 찍기 전이었다 마침표를 찍을까 말까를 고민하던 순간이었는지도 모른다 토마토는,

 치명적으로 붉은 생각을 품은, 손바닥으로 살짝 감싸기에 알맞은 크기의, 한번 손에 쥐고 나면 놓치고 싶지 않은, 말랑말랑하고도 질긴 근육질의, 처음인지 마지막인지 자꾸 되묻는 연애처럼 비릿해지는

 식물성의 혈통으로 붉게 술렁이는 생즙, 마시고 나면 아무것도 남지 않을, 벼락 맞은 나무처럼 창백해지는 유리잔, 피톨처럼 묻은 알갱이들, 엄마, 라고 하면 상투적인 것 같아 다른 발음으로 부르고 싶어지는

 한 사람을 본다 사랑, 이라고 쓰면 그게 누구야 하는 질문들 비좁은 틈바구니를 가까스로 빠져나온, 토마토와 나의

 낯빛이 짙붉게 포개지는 순간, 누군가 나를 검은 토마토라

고 불렀다 나는 문득 낯부끄러운 꿈을 꾸다 들켜버린 토마토가 되고 말았다

블랙 코드

검은 라벨이 붙은 술 하나를 선물 받았다

도무지 속을 들여다볼 수 없는
어둠 속에 잠긴 발자국 같은
찰나의 침묵,

소란스럽게 짖어대는 개들의
당당한 비겁 너머
는개 나부끼는 새벽이
소리 없이 다가서고 있었다

별을 그리는 사람은 별이 되고
꽃을 노래하는 사람은 꽃으로 태어난다는 소문을
그대로 믿는 사람은 아무도 없었지만

검은 라벨이 달린 술병에 든
달콤한 낙담을 거푸 들이켜 가며
때로는 삶을 때로는 죽음을 꿈꾸는

이곳에서의 기억은 곧 새까맣게 지워질 것이다

새까맣게 된다는 건
가장 깨끗해지는 일,

꽃도 별도 되지 못한 이름들
하나둘 스러져가는 이곳에서

당당한 비겁보다도 못한
정의는 얼마나 눈부시던가?

검은 꿈을 꾸는 정신 속을 파고들지 못하는 빛, 빛들이

검은 라벨을 달고 거대한 침묵으로 태어나는 밤, 나는

더는 어떤 꿈도 꾸지 못할 것이다
어떤 꿈도 더는
나를 가두지 못할 것이다

별책부록
— K

신이 인간을 만든 까닭은 외로움을 견디기 싫어서였을 거야
텅 빈 우주, 저 혼자밖에 없는
공허를 감당하기가 버거웠던 탓일 거야
창조란 무릇,
적막의 자궁을 제 손으로 찢어가며 울음도 없이
홀로 태어나는 법
적막조차도 없던, 무어라고 부를 만한
어떤 것도 보이지 않던 그때, 신은
저를 불러줄 누군가가 필요했을 거야
하늘이, 땅이, 구름이, 온갖 풀과 나무와 새와 물고기들이 한목소리로 제 이름을 부르는
최초의 음악을 누군가와 함께 듣고 싶었을 거야
갓 데뷔한 지휘자인 그는
세상의 온갖 것들과 나란한 사람의 합주를 들으며
비어 있는 칸들을 하나씩 채워나갔을 거야
신이 인간을 만든 건
저 혼자만으로는 감당하고 싶지 않은
그 지독한 허기,

아무도 읽지 않은 책의 첫 페이지 같은
찬란한 허무를 누군가와 나누고 싶었던
그런 사소한 이유 때문이었을지도 몰라

치명적인,

  모래 속에 몸을 숨긴 채 꼬리만 살짝 내놓은, 위로 난 두 눈을 가늘게 치켜뜨고 꼬리의 치명적인 유혹을 향해 다가서는 먹잇감을 노리는, 미동의 숨결 따라 조금씩 흘러내리는 모래 비늘을 밟는 순간 맹독의 이빨로 숨통을 끊어버리는

  사막 살무사 같은,

  너는 어디에나 있다 이른 아침 전철역 개찰구에 첫발을 들여놓을 때, 도로 옆 공원에 둘러앉아 술병을 돌리는 노숙자들 쪽으로 무의식적으로 고개가 돌아갈 때, 핸드폰을 꺼내 드는 순간 손에서 나는 카메라 셔터음에 놀라 어쩔 줄 몰라 할 때, 건널목에 서 있는 사람의 허리를 툭 치고 달아나는 바퀴 소리에 그만 주저앉고 마는

  순간순간마다 너를 마주친다 맹독 같은 속마음을 숨기고 어딘가에 도사리고 있을, 자기가 누구인지도 모르는 사람들 쪽으로 소리 없이 다가가고 있을, 사랑이라는 정의라는 법이라는 구원이라는 편견의 칼을 마구 휘둘러 가며 무방비로 서 있

는 수많은 나를 향해 달려드는 너, 아니

　치명적인 '나'들

한 무정부주의자의 기억
— W

 어떤 무정부주의 시인을 떠올리는 새벽이다. 어둠이 깊어갈수록 맑아지는 눈빛의,

 시를 쓰기 위해 들었던 펜 대신
 드럼 스틱을 쥔 손이 어쩌면
 혁명 전야의 꿈속에서처럼 떨고 있었을지도 모를
 그의 첫 연주를 듣고 싶어지는 날이다.

 눈 내리는 침엽수림을 홀로 걸어가는
 야크의 울음이 낮고 길게 깔리는 시간,

 누군가는 그의 눈에서 혁명을 읽거나
 가만히 그의 노래에 귀를 기울이지만

 국경마저 지워진 설산 어디쯤에서 마주친 나는 그에게서 갈수록 낯설어져 가는 나를 만나기도 한다.

 가팔라지는 드럼 박자를 따라 어느새 녹슨 기타 줄을 퉁기

고 있는 나, 어디든 그를 따라 무작정 떠나고 싶어지는 날,

   좌초할수록 아름다울 혁명의 뒤안길을 걸어가는
   한 무정부주의자의 엇박자 섞인 발소리를 얼핏 들은 것도
같다.

모르는 쪽으로 고개가 돈다

 모르는 쪽으로 툭하면 고개가 돌아간다 어딘지도 모르는 고향이 몸살 나게 그리운, 보육원을 막 빠져나온 열아홉 살이 끝인지 시작인지 모를 걸음을 길 위에 얹다 말고 엄마, 사전에 없는 단어를 발음하듯 한쪽 발을 허방에 띄운 채 다문 입술을 가만가만 깨문다

 꽃불 담긴 종이컵을 들고 가던 앞사람이 갑자기 뒤를 돌아다본다 처음 보는 얼굴에 막무가내로 겹치던 이목구비라니, 예닐곱밖에 안 보이는 영화관에 앉아 주위를 둘러보는 사람처럼 갑자기 텅, 비어버린 시간 속을 걷는다 영화에서는

 애인을 찾으면 애인이 온다 엄마를 부르면 엄마가 온다 애써 부르지 않아도 누구에게나 나락의 순간이 온다 죽음처럼 환한 손길로 찡그린 낯을 어루만진다 텅 빈 손바닥으로 허공을 건드려 빛을 토해내듯

 둥근, 세계의 안쪽은 무언가로 꽉 차 있다 허방에 뜬 발아래 꽃 그림자는 갓 태어난 아기 첫울음처럼 붉다 눈길 가닿는 자

리마다 낯익은 이목구비와 처음 마주친다 아무도 나를 부르지 않았는데 고개가 자꾸 그쪽으로 돌아간다

외길

외길을 걷는다. 외길이라는
말을 붙들고 끝까지 간다.

거기서는,
저마다의 불협화음을 비수처럼 품은 채
어디로 가는지도 왜 가야 하는지도 모르고
무작정 앞으로만 달려가려는 사람들.

아무 데서나 누구와 마주치기라도 하면
아무렇지도 않게 서로를 향해 칼날을 내뻗기라도 할 것처럼

점점 비딱해져 가는 걸음걸이로 자기만의 길을 따라 어디론가 떠나가고 있다.

시퍼렇게 날 선 경적을 초식도 없이 휘둘러가며 일방통행 도로를 거꾸로 질주하는
눈먼 차들처럼,

>

외길에서 마주치는 사람도 사랑도 위태롭기만 한데

겹겹의 그림자를 다 벗고 나서야 마주칠 어떤 순간을 찾아

오늘도 나는,

외길이라는 이름의 세상 한가운데 서 있다.

파꽃

 바람이 달려간 쪽으로 햇빛이 알싸한 폐곡선을 그리며 비껴갔다. 햇살 휘는 궤도를 거슬러 고개 돌리는 사이 작은 별 하나 공중에 떠올랐다.

 초록 번지는 파꽃, 뿌리에서 멀리 떨어진 쪽에서 줄기가 전부인 식물의 한 생애가 꼿꼿이 일어서고 있었다.

 잎 없는 식물의 생이란 지느러미가 잘려 나간 물고기의 전진처럼 가파른 것이어서 누군가는 아예 눈을 감아버리곤 하지.

 가도 가도 도무지 끝이 안 보이는, 손을 내저어봐야 아무것도 닿지 않는 어둠 속을 간다. 제 속의 꺼져가는 불씨를 되살려가며 스스로 길을 만드는 이의 걸음은 본적 없이 피어난 꽃의 둥근 궤적을 되짚어가는 중이다.

 남쪽 어디선가 당신이 꽃을 피웠다는 소식이 들려왔다. 그대가 꽃을 피워낸 건지, 꽃이 기어이 그대를 피워 올린 건지,

단숨에 백 년을 늙어버린 내 귀로는 아무것도 알아내지 못한다.

　당신이 보냈을지 모를 소행성이 내 쪽으로 날아들었다. 거기서도 곧 어린 별 하나를 보게 될 것이다.

안녕, 가세요?

안녕하세요? 술 취한 새벽
택시 뒷자리에 앉으며 그렇게 말했던 것 같은데

또 뭐라고, 몇 마디 주고받았던 것도 같은데
졸다,
졸다,

정신 차리고 나니
생판 모르는 동네

안녕입니다. 네?
안녕, 다 왔습니다.

안녕하세요, 와
안녕 가세요, 는
얼마나 멀고 다른 건지

안녕 갔다 돌아오는

택시 안에서 나는 조금도 안녕하지 못해

미터기의 숫자가 곱빼기로 쌓이는 동안
안녕하세요? 안녕하세요?
몇 번씩 속으로 되새김질하며

언제 또 가볼지 모르는 안녕동*
낯모르는 누군가의 안부를
자꾸 물어볼수록 이상하게도

마음 한구석엔 야릇한 즐거움이 첫눈 내리듯 쌓여가는 것이다.

---

* 경기도 화성시 안녕동(安寧洞).

봄을 의심하다

처음엔 봄을 의심했다
지난밤 한창 불타오르던 꽃의 연애사를
송두리째 엎어버린,

봄날의
간질간질한 햇살들

종잡을 수 없는 바람
휘청이는 꽃의 자세와
함부로 제 무게를 얹는 나비들, 또는

한마디로 정의할 수 없는 하늘의
의심스러운 속내에 대하여

마침표 없는 송사를 벌이기로 작정한 날,

꽃잎 널브러진 바닥에 찍히는 갈지자걸음 사이
필사본처럼 떠오른 새 그림자

누가 나를 의심하기라도 하듯
서둘러 날개를 접었다

양계장

서가에 아무렇게나 꽂힌 책들처럼
닭들이 양계장 바닥에 늘어져 있다
가다가 서고 섰다가 가고
졸다 걷다 푸드덕 날개를
한껏 흔들어대기도 하며
얼마 안 남은 생의 한때를
퇴화한 감각으로나마
결사적으로 확인해보는 것이다
어두워지지 않는 세상에서의
삶이란 얼마나 환한 절망인가?
환하게 죽어가는 닭들,
전생을 기억하지 못하는
닭대가리들이
오늘을 제쳐두고 오로지
다가오지 않을 내일만을 떠벌리는
거짓 선지자의 기도문처럼
반복적으로 땅바닥에
굵어질 틈 없는 다리를 세워놓는다

한 번도 읽지 않고 낡아버린
책 속의 슬픈 이야기처럼
닭들이 환한 불빛 아래서
꾸벅꾸벅 조는 모습이
조금도 낯설지 않은
어떤 지상에서의 반나절

결

좋은 타자는 공의 결을 거스르지 않지
투수가 던진 공의 결을 따라
그대로 당겨치거나 밀어칠 때
좋은 타구가 나오는 것처럼,
풀잎의 결을 따라 바람은 불고
바람이 부는 결을 따라 풀들도
싱싱해진 어깨를 연신 우줄거리지
세상 살아가는 일이 뭐가 다를까,
지나온 날을 가만가만 되짚으며
어둑해지는 길을 가는 노인처럼
고비의 낙타는 모래의 무늿결 따라
머나먼 사막을 거뜬히 건너가지만,
때로 어긋난 결을 마주치기라도 하면
눈앞의 결을 그대로 따라가는 대신
물고기가 사나운 물살을 거슬러 가듯
자기만의 결을 새로 만들며 나아가지
진짜 훌륭한 타자라면 당연히
나쁜 공의 결을 이겨낼 줄 알 듯,

그 또한 삐뚤어진 결을 견뎌내려는
시퍼런 힘줄을 한껏 내보이며
기어이 제 길을 찾아가려는 게지

사월 초하루

 돌아서는 사람의 어깨에 내려앉는 피다 만 목련 꽃잎처럼 얼룩지는 이별의, 훗날 새로 돋아날지 모르는 사랑의 실낱같을 가능성을 두고 신에게서 고개를 돌리고는 사람의 독법으로 세상을 읽고 싶어지는 때 꽃은 꽃대로 한세상을 건너고 사람은 또 사람대로 설운 하루하루를 울먹울먹 건뎌내야 하는,

  누구든 저마다의 작법(作法)으로
  각자의 지면을 채워나가야 할 시간

  나의 마지막 사랑은 아직 첫 글자를 쓰기도 전이다

  어디선가 움트고 있을
  또 한 번의 이별을 꿈꾸기에는 딱 그만인,

  봄의 절정에 닿으려면
  아직도 멀었다

제2부

구부러진 골목

 골목을 다 이해할 수는 없다. 빛 반 어둠 반 골목길에 접어든 그림자가 갑자기 접히는 순간, 골목이 잠깐 눈감은 이유를 묻지 않는다. 느린 커브를 돌아온 발소리가 더는 들리지 않는 까닭을 궁금해하지 않는다. 결승점을 지나친 단거리 선수의 박동 소리가 가쁘게 일렁이다 가라앉는 곳. 공기총을 맞고 떨어진 새의 눈빛이 문득 깜깜해지는 곳. 담장에 달라붙어 포개진 남녀의 그림자가 달고 쌉쌀한 입맞춤을 나누는 곳. 목 부러진 채 내동댕이쳐진 기타가 함부로 나뒹구는 곳. 상념에 빠진 골목의 속내를 누구도 읽어내지 못한다. 전철을 타고 가다 아까 빠져나온 골목을 떠올리는 사람의 머릿속으로 골목 하나가 소리 없이 들어선다. 골목을 다 이해할 필요는 없다. 골목을 나온 그림자가 잠깐 걸음을 멈추고 되돌아보는, 골목의 안쪽 어디쯤 그가 두고 온 시간의 똬리가 풀리기 시작하는, 구부러진 골목의 안부를 더는 궁금해하지 않아도 된다.

허무답보(虛無踏步)

언젠가 허무의 성자를 만난 적 있다.

바람이 세차게 부는 한겨울 숲속이거나
한 치 앞이 안 보이는
게릴라성 빗줄기 속을 홀로 걸어갈 때
귓속을 파고들던 목소리.

누군가 멋대로 휘갈겨놓은 내 이름처럼,
하루아침에 내 것이 되어버린 이상한 소문처럼,
살아서는 만나지 못할 이를 빼닮은
이목구비가 생각나지 않는 사람처럼,

 싱크대 앞을 맴도는 그림자에 달라붙어 떨어지지 않는 실오라기 같은, 예고도 없이 플랫폼을 지나쳐가는 열차의 횅한 경적 같은, 아침 출근길이나 한낮의 고가 아래에서 맞닥뜨린 느닷없는 죽음 같은, 고장 난 혀와 손 탓에 금자탑을 무너뜨린 어느 명망가의 씁쓸한 퇴장 같은,

가도 가도 늘 제자리인 삶 어디쯤에서 그와 나란히 서 있던 적도 있다.

　사랑이 제 굴레를 벗어던져야 진짜 사랑이 되듯
　허무 또한 저를 넘어서야 순전한 허무가 된다는
　뻔한 말을 선문답처럼 주고받으며 그와 나는
　어딘지 모르는 길을 각자 걸어가는 중이었다.

　내가 그에게서 허무를 겪듯
　그도 나에게서 허무를 겪으며
　앞서거니 뒤서거니 우리는
　똑같이 신기루의 꿈을 꾸고 있었다.

진위천

 친구 만나러 가는 길. 여러 갈래 길 가운데 어느 하나가 갑자기 보이지 않는다. 문득문득 낯설어지는

 길 따라 펼쳐진 논 벼 이파리들이 간장 종지에 담긴 달빛처럼 조그맣게 반짝였다. 무슨 소리라도 들었는지, 귀 쫑긋 세운 개 한 마리 논둑에 가만히 서 있었다.

 누가 막대기로 하늘을 두드리나. 변죽 없는 허공이 눈 시리게 울릴 때마다 새들이 팡, 팡, 날아올랐다. 물그림자에 서린 음표들이 틀 없는 발성법 베끼듯 오선지에 새겨지는 중이었다. 기타를 든 남자의 그림자 손이 가늘게 흔들리고 있었다. 여전히

 진위를 분간하기 어려운,

 물소리가 귓속을 가쁘게 파고들었다. 타악기와 기타만으로 된 떠돌이악단의 박자를 타는 불협화음들, 엇박자로 삐걱거리는 망설임까지 한 덩어리로 엮어가며 저 멀리,

누군가 손짓으로 흘려보낸 물소리가 막 내 앞을 지나가려는 참이었다. 그립다는 말이 잘 떠오르지 않는 초저녁 무렵이었다.

물로 뛰어든 개구리를 보고는

뱀 한 마리가 입을 꾹 다문 채 숲으로 달아난다.

무언가 새로운 사건이 일어나기 직전이다.

가늘고 긴 그림자가 나무의 기억을 훑고 지나갔다.

누군가를 비워낸 자리가 아직 고스란히 남아 있다.

엄마를 버리다

 엄마를 버리고 온 저녁이에요. 아까 매달아 놓은 오후가 아직 서쪽 하늘에 걸려 있어요. 난 또 그게 엄마 머리인 줄 알고 얼마나 놀랐는지요. 뒤도 안 돌아보고 뛰어오느라 어디가 어딘지 모르겠는데 엄마는 그 길을 어떻게 되돌아왔을까요. 밤이 오기 전 엄마의 흔적을 다 지워야 하나요. 햇살과 구름, 바람, 나뭇잎 지고 개울 흐르는 소리까지 다 엄마가 되어주던 순간들. 그러면 세상을 전부 지워야만 하나요. 밤이 되려면 멀었는데 엄마가 지워지기 전에는 한낮도 어둠이네요. 깜깜한 세상을 걸어 엄마가 없는 곳까지 가는 게 어쩌면 내 삶인지도 몰라요. 저만치 엄마가 혼자 흔들리는 게 보이나요. 난 아직 멀었다는 말이지요. 내일도 오늘처럼, 난 엄마를 버리러 또 어디로든 가야만 하는걸요.

야사 읽는 밤

지하철역 가판대에서 산
만 원에 두 권짜리
뻣뻣한 야사를 펼쳐 읽는다.
고금소총에도 안 나오는,
뻔한 인물들의 뻔한 것 같으면서도
자꾸만 뒤가 궁금해지는 얘기들.
가판대 옆을 스쳐 가는
입담꾼들의 눈길을 은근슬쩍 끌어당기다가
이름 없는 시인의 싸구려 초식에
그만 코가 꿰어버린,
일류 인생들의 삼류 소설 같은
질펀한 밤 이야기들.
野史인지 夜事인지 도통 모를
그들의 야릇한 짓거리 따위야
내 알 바 아니지만,
그 시절 뒷골목 사정보다도
더 짜릿한 요즘의 찌라시 탓일까.
한눈에 봐도 턱도 없는 이야기들을

곧이곧대로 받아들여 가며
한 끼 밥 대신 꺼내 든
두툼한 야사 속으로 또
한쪽 발을 들여놓는 것이다.

진심, 괴물

진심으로 사죄드리고 죄송하다는 N,
이상야릇한 수식어가 딸린 방에서

여자들에게 못된 짓을 해대더니
카메라 앞에서는 고개를 숙인다.

진심은, 그가 건드린 누군가의 이름이었나?
제 어휘 목록에 없을 말을 억지로 꺼내 드는 꼬락서니가

허구한 날 고개 조아려가며 딴짓해대는
ㅇ사들처럼, ㅇ원들처럼 역겨워져서는

내 속에는 그 진심이란 게
아직 그대로 남아 있는지
남모를 조바심을 내보는 거다.

진심(塵心)*을 가리고
진심(瞋心)** 어린

제 속내를 들키지 않으려

고개 숙인 N, 눈깔 돌아가는 소리가 예까지 들리는데

무섭게 생기지 않아서 더 무서운
괴물이 나오는 티브이 채널을
얼른 딴 데로 돌려버리고 만다.

---

* 진심(塵心): 속세의 일에 더럽혀진 마음.
** 진심(嗔心): 왈칵 성내는 마음(=瞋心).

셈 치기*

우리, 세상 같은 건 이제 없는 셈 쳐도 되지요

세상에나!

이곳을 지옥으로 만들어야만
그 빌어먹을 천국이 온다잖아요

돈 같은 거야 이미 다 가진 셈 치고
멋진 애인도 오래전에 생긴 셈 치고
두 동강 난 땅 따위야 애초에 하나인 셈 치고
까짓 천당이야 한 천 년쯤 전에 다녀온 셈 치지요

불멸의 노래와 사랑을
누구에게는 주고 누구에게는 안 주는
이상한 평등은 아예 없는 셈 치는 게 나을까요

당신이나 나나 아무것도 아닌 셈 치고
나비처럼 새처럼 어디로 날아간 셈 치고

삶이든 죽음이든,
불행이든 행복이든,

뭐든 처음부터 한 몸이었을 거라고
모르는 척,
그냥 속은 셈 치면 될 테니까요

---

* 성악가 조수미(2019년 5월 4일, 〈대화의 희열〉)의 말.

어떤 달이 소식을 물어왔다

 밤새 뜨지 않은 달을 생각했다.

 구름 뒤편 행성의 산책로를 홀로 서성거리고 있을 한 시인을 떠올렸다. 별들의 서늘한 그림자 사이로 바람이 소스라치듯 비껴갈 때마다 수척해진 얼굴 하나가 슬며시 고개를 내밀었으리라. 텅 빈 손아귀 같은 시, 마침표 없는 종결어미를 따라 조금씩 흐릿해지는 발소리. 늙다 만 혁명가의 희끗한 뒤통수 너머로 눈 시린 그믐달이 새벽녘 술기운처럼 사무쳐왔다.

 어디선가 취기 묻은 얼굴을 찡그리고 있을 달의 안부가 궁금한 초겨울 아침, 가느다란 빛줄기 하나가 허공에 실금을 그어가며 내 좁은 시야를 빠져나가는 중이었다.

 간밤 어떤 달이 내 소식을 물어왔다는 말을 얼핏 들었던 것도 같다.

시인의 근친

바람과 새는 한 족보를 가졌다
근친을 향한 설렘일까 바람은
새의 비행을 순순히 용납한다
가게의 뿌리에 발 묶인 나무는
목울대를 새한테 넘겨준 바람의
짙푸른 우울이 다 가실 때까지
반벙어리로 양팔을 흔들어댄다
나뭇잎이 여름내 푸르렀던 건
새가 목울대를 돌려주는 대신
바람의 속내를 잘못 건드린 탓이다
가시를 피해 밟듯 나뭇가지를 타는
새들의 조그만 발가락 사이에는
바람의 유전자가 티눈처럼 박여 있다
새의 방식으로 꿈꾸고
나무의 방식으로 살기,
허공에 찍히는 발자국들을 짚어가며
길 없는 길을 홀로 걸어가는
시인은 바람과 새의 또 다른 근친이다

슬프지 않은데도 눈물 나던

 젊은 사내들이 탑골공원 담벼락을 급하게 기어오른다. 제복들이 달려들어 방망이를 휘둘러댄다. 피투성이가 되어 떨어져 내리는 사내들, 아까부터 바닥에서 고무락거리던 사람들 위로 재앙처럼 덮친다.

 머리끝에서 발끝까지 바르르 떨며 그녀는 나처럼 눈을 감아버렸다. 낯선 사람을 끌어안고서라도 우리는 어디로든 달아나고만 싶었다. 전역 일자 선명한 신분증을 꺼내 보이며 나는 어린 새처럼 샛노랗게 떠는 여자를 데리고 어떻게든 학적을 빠져나와야만 했다. 처음 보는 남자와의 불안하고도 짧은 연애를 끝내고 돌아서는 그녀의 어깨 너머로 채 가시지 않은 최루가스가 종로 바닥을 흘러가고 있었다.

 그날 의심 서린 눈으로 우리를 째려보던 제복은 지금 어디쯤 가 있을까? 촉촉한 손을 애타게 마주잡고 날치기 영화의 여주인공이 되어야만 했던 그녀는 어디를 지나는 중일까? 슬프지 않은데도 마냥 눈물 나게 하던, 그날의 아찔했던 연애에서 나는 얼마나 멀리 떠나온 걸까?

탑골공원 앞을 지날 때면 그날 벽에 달라붙었던 사내들의 어두운 뒤통수와 조마조마하던 거짓 연애의 기억이 잠깐 스쳐 가기도 하는 것이다.

토마토 기분

왜 토마토냐고요?
사과는 많이 건드렸으니까요

사과는, 너무 할 일이 많아요
사는 게 죄다 사과뿐이니까요

사과는 참 느린 사과,
토마토는 되게 빠른 토마토,

빨간 것은 파란 것보다 조금 더 빠르고요

　나는 살짝 탱탱하고 파란 토마토인가요 당신도 아직 덜 빨개진 토마토처럼 보여요

　과일 맛이 난다고요? 이봐요, 토마토를 토마토로 보는 게 그렇게 어려운가요

　사과는, 더는 안 할래요

난 지금 토마토의 기분을 느끼는 중이거든요

빨개지기 직전의
조금은 파랗고 탱탱하기까지 한
그런 토마토 말이에요

백곡 단장(斷章)

저수지로 밤마실 간 할머니
흰 옷자락 나부끼는 초저녁

물살 가락 타는 햇살
눈부신 손가락들과
산모퉁이 돌며 숨 고르는 늙은 소의
한 옥타브 낮은 울음이 잘 어울렸다

할아버지 지게 장단 빗살무늬로 꺾이는
저수지 벼랑 깊은 데서
꿈결인 듯 허리 펴는

할머니, 곡절 닮은
노랫가락 하나
잠깐 떠올랐다 가라앉는
음력 이월

봄 꿈

갓 담근 과실주 같은
초저녁 햇살

검어지는 새들의
울음소리
헝클어진 글자들

달,
달,
외가며

새벽달 이울도록
턱 괴고 앉았을

책상머리
까까머리

꼭 시가 아니라도

시가 되지 않으려는 것들과 밤새 어울렸어요
일대일로 만나려면 누구든
저를 가둔 병을 깨뜨려야만 할
연체의 말들,
자음 모음 이전으로 되돌아가려는
고집 센 글자들 때문에 툭하면 주저앉고 마는
나를 불빛이 깜빡깜빡 토닥여주었어요
아직 태어나지 않거나 오래전에 지워진
무언가를 노래하는 건 너무 식상한가요
아무것도 아닌 것이
누굴 닮은 어떤 것이다가
하나뿐인 뭔가로 바뀌는 중에 뿌려진
말의 씨앗들,
그걸 무어라고 불러야 좋을까요
시라는 이름으로만 부르고 싶은 맘에
아무것도 되지 않으려는 것들과 씨름하다가
문득 사방이 벽뿐인 세상에 갇혀버린
나를 들키고 말았을 때, 누구나 한 번쯤

이름 없이도 한세상을 가득 채우는
그런 순간을 마주친다는 걸 알았어요
오늘은 시라고 부르지 않아도
스스로 반짝이는 것들과
한바탕 어울리는 중이에요

행성 번호 210

  첫사랑과 헤어진 날, 작대기 셋 군바리의 눈물을 군말 없이 닦아주던 붉은 방의 여자는 어느 별에서 왔을까? 나는 그 여자를 따라 어디까지 엉겁결에 흘러갔을까? 이목구비 없는 그 여자는 내 사랑을 얼마나 닮았을까? 는개 갈팡질팡 부대끼는 새벽녘, 나를 팽개치고 뛰쳐나온 골목 어귀. 입술 앙다문 우체통에 억지로 구겨 넣은 엽서는 그리운 이의 소행성까지 잘 날아갔을까? 어디선가 들려오는 뽕짝 리듬 따라 여전히 스물 몇 살로만 떠오르는 사람의, 이제 어느 은하에도 없을 행성 번호를 슬며시 떠올려본다.

제3부

오늘의 나는,

 오늘의 나는, 정류장에 멈추지 못하는 여섯 칸짜리 전동열차처럼 문득 서러워집니다 칸칸이 가득 찬 슬픔을 하나도 부리지 못한 열차의 꼬리가 조바심을 내며 급한 커브를 돌아갈 때 누군가 서 있을 쪽으로 한꺼번에 쏠리는 마음까지야 어떻게 할까요 당신 이름을 떠올리기만 해도 지나온 날들이 전부 한쪽으로 기울어가듯 세상에는 닮은 이름을 지닌 길들이 얼마나 많던가요 은하수를 수놓은 뭇별들만큼이나 당신과 나 사이는 누구의 발길도 닿지 않은 간이역들로 가득하지요 바퀴가 멈춰 서지 못하는 역들을 지나칠 때마다 나는 플랫폼 모서리의 이름 벗겨진 푯말처럼 점점 흐릿해집니다 커피 냄새 번지는 역무실 창가를 서성이고 있었을 키 작은 그림자, 나는 오래 한자리를 맴돌다 가는 철새들을 따라 한꺼번에 야위어 갑니다 아무 데도 내리지 못하는 마음을 태우고 어딘가를 달리고 있을 열차에는 누군가 덜컹거리는 차창에 이마를 대고 사선으로 비껴가는 나무들을 헤아리고 있을까요 속도를 놓친 계기판의 바늘마냥 오늘의 나는 어디로도 가닿지 못하는 속마음을 들켜가며 어제처럼 흔들리는 중입니다

경계를 서성이는 동안

이곳에 눈이 내리기 시작할 때, 당신이 서 있을

그곳에도 눈이 내리고 있을까, 희고 깊은 생각에 잠겨서는

갈피 없이 나부끼는 눈발 속으로 궁금증을 켜 들고 나설 때 나는

이쪽과 저쪽, 어제와 내일, 눈물과 웃음, 밝거나 어둡다는 수식어 뒤에 따라붙는 것들 사이를 비껴가며

당신 쪽으로 난 길을 가로막은 벽들을 하나씩 무너뜨리는 중이지, 말이라는

무늬의 말들, 사랑이라는 발음을 가진 사랑들, 삶이라는 죽음이라는 빛깔을 지닌 순간들, 당신이라 불리는

온갖 것들 쪽으로 투명하게 뻗은 길들의 어깨 너머를 꿈꾸지, 경계를 서성이는 동안

자꾸 눈발 나부끼고 지워진 경계 너머 또 다른 경계가 생겨나도 그냥 말없이 반짝거릴 뿐이지

한낮을 헤매다

한낮의 어둠이 너무 깊다
어둠의 환한 모퉁이에 갇혀
어디로 가야 할지 모르는
난 무작정 앞으로만 나아간다
길을 가다 마주친 슬픔의 순례자들은
제 눈물의 뿌리 쪽을 바라보지만
가도 가도 끝이 안 보이는
고요의 늑골 깊이 파고드는
정오의 햇살조차도
그곳에 다다르지는 못한다
캄캄한 낮의 골목을
청맹과니처럼 헤매는 나는
어느 떠돌이별의 자식인가?
삶은, 마음이 깊어갈수록 조금씩
죽음 쪽으로 기울어가는 것
마지막 순간에 이르러서야
비로소 반짝이기 시작하는
모순의 육체를 지녔다

아직은 더 헤매야 하는
나는 언제쯤 거기 닿을 것인가?
한낮의 적막이 점점 깊어만 간다

장미의 저녁

장미가 고개를 돌리자 담장 너머 하늘이 벌겋게 휘어졌다

무슨 일이 있나 까치발을 하고는 목을 길게 빼려는 찰나였다

누가 부르는 소리를 들었는지 갑자기 고개를 돌리는, 목이 돌아가는 순간 꽃잎 하나를 떨어뜨리고 만

장미 때문에 놀란 서쪽 하늘, 꽃 그림자 번지는 공중에 나란히 떠 있는

해와 달처럼, 한날한시에 써 내려간 너와 나의 문장처럼,

앞뒤를 따질 수 없는 시간이 꽃의 목을 한 바퀴 돌려버린 것이었다

당신의 발음

일그러진 글자들이 마구 쏟아져 나와요 소리보다 먼저 주저앉는 마른번개 같은 마음인가요 어둠을 삼키면 빛줄기가 초록을 깨물면 새빨개진 잎들이 흔들려요 발음 안 되는 말은 어떤 은하가 낳은 별인가요 땅바닥에 앉아 울먹이는 아이의 엄마는 어디 있나요 아직 어머니라는 말을 못 배운 어른은 누구인가요 혀가 딱딱하게 굳어버린 시인을 뭐라고 불러야 하나요 구름의 표정이 바뀔 때마다 허둥대는 이 감정을 도대체 어쩌라고요 지금은 몹쓸 병에 걸린 친구의 터무니없는 웃음을 마주하고 있어요 저리 반짝이는 슬픔은 무슨 이름의 항성일까요 아아, 누가 내 등을 마구 두들겨대고 있어요 내 몸속의 문장을 빼닮은 구름이 공중을 빠져나가는 중이에요 누가 바람의 등을 밟고 멀리 떠나가고 있나요 그냥 당신이라고 불러도 되나요 꼭 사랑이라고 하지 않아도 되나요 당신이 만날 당신이라고 부르는 난 아직 내 이름을 모르는 걸요 그런데 당신은 누구인가요

개구리

함정에 빠진 개구리가
필사적으로 바닥을 찬다.
작은 체구가 뛰어넘기엔
너무 높은 벽,
간수(看守)의 눈을 뜬 사내가
그걸 가만히 바라본다.
개구리는 개구리,
그는 또 그대로
제 감옥에 갇혀 있을 뿐.
눈앞의 벽을 뛰어넘지 못하는
둘이 지척에서
까마득한 눈빛을 주고받다, 사내가
작은 몸뚱어리를 밖으로 꺼내주지만
그건 제 몫이 아니란 듯
개구리는
다시 함정 속으로 뛰어든다.
스스로 뛰어넘을 수 없다면
차라리 바닥을 파고들어야 하리.

개구리 울음소리에
우물 안팎이 다 환하다.

모란 사구(四九)

장터 모퉁이 금 간 질그릇 같은
엉성하게 쪼그려 앉은 노인들
핏기 없는 얼굴에 검버섯 그득하다

바구니의 생선 비린내 풍기듯
어둠 번져가는 늦가을 초저녁,

입구도 출구도 안 보이는
막장 드라마 채널 같은
사일 구일,

문 닫힌 보신탕집 앞을 서성이는 발소리 시들해지고
좌판 걷다 만 바닥에 엉성하게 내려앉는 적막 속
반나절씩의 웃음과 눈물이 한데 뒤섞이는

오후 여섯 시 반,

텅 비었거나 꽉 차 있거나 매한가지인 시장 골목을 빠져나

와 전철역 쪽으로 몰려가는 노인들

   구부정한 그림자가 이파리 다 떨군 나무처럼 깜깜하게 반짝인다

乙

사랑의 판에서 나는 언제나 을이었네
사랑한다는, 안녕이라는
첫 마디는 한 번도 내 몫은 아니었네

나는 다만
사랑이라는 말의 무한생산자이거나
낯선 기도문 앞에서 머뭇거리는 순례자였을 뿐,

그러니 사랑이여,
또 너를 위한 노래를 부르게 해 다오

깨물린 혀로 별빛을 스치는 바람 소리처럼,
영원의 어깨를 짚고 저물어가는 고요처럼,

창백한 글자들로 애인의 아침을 일으키기까지는

사랑에 눈먼 청맹과니가 되어
홀로 밤길을 헤매어도 좋으리

탄천

 누군가 이 길을 먼저 지나간 것 같다. 밤새 내리던 비 그치고 물 고인 땅바닥에 함부로 널브러진 잔돌들, 누군가 쪼그리고 앉았다 간 자리인 듯 길섶 한쪽이 납작 눌려 있다. 안이든 바깥이든 잠시라도 젖었던 자리는 어디나 물컹하다. 툭하면 날 주저앉히던 세상 또 어디에 저리 얼룩진 자국이 남아 있을까. 새벽 탄천은 가로등 불빛조차도 검고 깊어서 미처 그 속을 헤아리지 못한다. 패인 웅덩이에 갇힌 물처럼 어디로도 흐르지 못하는 마음만 어디로 나 있는지 모를 물길 자국을 말없이 따라갈 뿐이다.

실낙원

너라는 낙원을 잃고
눈물 마른 낙원상가
골목길을 돌아갈 때
나는 또 낙원을 놓친다.

너라는 웃음, 너라는 우울, 너라는 꿈이 한순간에 저무는 낙원 지나 탑골공원 쪽으로 걸어갈 때

악기점 유리에 걸린 기타 그림자들,
조율되지 않는 소리를 밟으며
서둘러 골목을 빠져나가는 사람들

배지 들고 경전 달고 횡설수설, 붕어빵처럼 공갈치는 오늘의 낙원에는 낙원이 없고 서러운 뒤통수를 쓰다듬는 손길이 안 보인다.

날마다 낙원을 잃고,
날마다 낙원을 찾는,

종로3가와 안국역 사이 갈림길
이브의 아들딸들은
오늘도 에덴을 벗어나고 있다.

나사못

조이고 조여도 나사는
자꾸 풀려나간다. 한쪽으로만
걸어가면 언젠가 다시
제자리로 돌아올 거라는
믿음을 손쉽게 무너뜨린다.

허방을 짚은 다리가 주저앉는
그 자리에서 나는 또
나사를 돌리기 시작한다.

조일수록 풀리는 나사못처럼
우리는 엉뚱한 데서 제자리걸음을 한다.

외길을 걸어온 사람끼리는
어디선가 꼭 갈라서게 마련,

망가진 나사 같은 마음이
헛바퀴를 돌기 시작할 때

누군가는 먼저
다른 쪽으로 고개를 돌려야만 한다.

소낙비

통속을 살짝 벗어난 리듬이다.
발 디딜 곳 어딘지 모르면서
다짜고짜 뛰어내리는 빗방울들.
누구나 겪는 첫사랑도
한바탕 시간의 세례를 받고 나면
세상 하나뿐인 무엇이 되듯
어떤 상투는 익으면 눈부시다.
빗방울들 내려앉는 자리가
바람 따라 자꾸 바뀌어 간다.
연거푸 한자리에 떨어지는 게
상투라면, 바람이야말로
그걸 벗어나는 지름길이다.
우리가 서로에게
바람이 되어 불어가면
너와 나는 얼마나 싱싱해질까.
빗방울 처음 듣는 자리
저기쯤,
그때처럼 네가 서 있다.

피아노

 피아노를 치러 바다로 간 사람을 따라 산꼭대기에서 건반을 두드려요

 울컥, 치미는 아린 기억을 그이는 물거품으로 연주하고 바닷가 벼랑 사이로 백사장의 비릿한 넋두리 같은 바람이 창백하게 불어와요

 피아노는 어린 물고기, 피아노는 수면 아래로 부는 바람, 피아노는 갓 날아오른 새, 피아노는 절벽에 물구나무선 나무, 피아노는 수화로 들리는 노랫소리, 피아노는 그가 꿈꾸는 모든

 것들, 구름은 피아노의 검정, 물소리는 피아노의 하양, 반음으로 떨려오는 풀벌레의 연둣빛 감정선, 어디서

 그이도 나의 노래를 듣고 있을까요 수천수만의 건반들이 한꺼번에 내는 파란(波瀾)

나비의 전언

내 눈에는 저기 저 꽃뿐인데 어디서 누가 자꾸 날 불리대요. 여기저기 꽃들이 분수처럼 폭죽처럼 마구 나부끼고요. 단내 나는 웃음소리 깔깔대며 사방에서 밀려와요. 붉고 노랗고 하얗고 파랗고 진짜 장난 아니에요. 이리 오라고, 여기 앉으라고, 환장할 노릇이라니까요. 단 하나의 꽃밖에 안 보이는 날 어디로 데려가려는 건지, 나는 마음속 꽃나무만으로도 너무 벅찬데, 이런저런 생각들을 생각하며 꽃들의 행간을 헤치고 하나뿐인 꽃에게로 가는 나비. 언젠가 한 사람에게만 건넸을 나비의 말을 들은 적 있나요, 당신?

제4부

이슬 비친다는 말,

  이슬 비친다는 말이 무슨 뜻인지 모르고 긴 밤 지새며 풀잎마다 맺힌 아침이슬*만 내내 따라 불렀지요 그게 얼마나 반짝이는 건지, 아무래도 풀섶 이슬에 내린 첫 햇살만큼은 아닐 거라 여겼지요 그게 얼마나 아픈 말인지, 옛날 첫사랑 눈가에 서린 물기처럼 아릴까도 싶었지요 어쩜 그 말이 내 귓속을 처음 다녀간 엄마 것이었는지, 그이 속살을 바싹바싹 파고드는 환한 통증이었을지, 불현듯 가슴 한쪽이 물컹해지기도 했지요 그게 얼마나 아름다운 말인지 몰라도 찬바람에 절로 나오는 눈물 따위야 비길 게 못 된다는 것쯤은 진작 알았지만요

---

*양희은의 노래 〈아침이슬〉에서 빌려옴.

나의 새들,

나의 새들은 종(種)이 없다
본가 없는 선천성 떠돌이처럼
주소 불명의 꽃씨들처럼
나의 새들은 날개가 없다
아무 데도 못 가면서 먼 곳을 바라보는 나무처럼
나면서부터 눈먼 타고난 소리꾼처럼
엄마도 없이 세상에 내동댕이쳐진 아이처럼
나의 새들은 부리가 없다
날지도 못하고 노래도 못하면서
끝끝내 새이기를 꿈꾸는 나의 새들은
어제의 새다 내일의 새다 아니
오늘의 새일 뿐이다
나의 새들은 얼굴이 없다
이목구비를 못 가졌으니 더는 버릴 게 없다
긴 꿈에서 깨어날 일도 없다
나의 새들은 이름이 없다
무언가가 되려 할 뿐
애초부터 아무것도 아니었던

나의 새들은 그림자가 없다
팔다리를 세게 휘저어 봐야 텅 빈 허공뿐,
그들처럼 나도
그림자를 지운 지 오래다
나에게는 이제 새가 하나도 없다

폐가로군요

그날
당신이 내 한쪽 가슴에 손을 대고 혼잣말인지 아닌지 모를 말을
중얼거릴 때

그 말에 물들어버린 나는
당신 손짓 따라 무너져가는
낡고 조그만 집이 되었어요

그리마 지네 같은 벌레들 기어 다니고 속부터 썩어온 기둥이 별안간 주저앉는,

담벼락에 새겨놓은 글씨 둘 하나 지워지고
지나온 길들이 어둠 속에서 새하얗게
눈물 마른 기도처럼 뻗치는 새벽이면

휑한 집터를 적시는 달빛처럼
환하게 쓰린 노래를 부를래요

그날 당신이 내게 폐허를 준 게 아니라
내 안의 폐허를 걷어갔단 걸 말이에요

페달 소리

　페달 소리가 조금씩 가팔라졌다.
　핸들을 잡은 두 팔 사이
　어린 새처럼 손끝에 힘을 모으고
　귓속을 파고드는 삼촌의 거친 숨결 따라
　읍내로 백곡으로 시오리를 휘돌았다.

　둑방에 쪼그리고 앉아 갈피 없이 구르는 물살을 거슬러 가다 보면 선산에서 달려온 바람이 물소리보다 먼저 나를 일으켜 세웠다.

　삼촌보다는 작은아빠라고 부르기를 좋아한 누이는 예순 살이 되도록 그 말을 입에 달고 살았지만, 나는 엄마가 달린 작은 엄마라는 발음을 가만히 오물거릴 때가 제일 좋았다.

　혀뿌리를 얽어맨 암을 견디고도
　급작스레 찾아든 죽음을 피하지는 못한
　그를 떠나보내는 날

작은엄마의 가냘픈 어깨가 울먹일 때마다
누이도 나도 자꾸만
얼굴도 가물가물한 엄마 아빠가 떠올랐지만

우리 둘 말고는 누구도 앙다문 입술 사이로 새어 나오는 말소리를 알아듣지 못했다.

작은아빠는 작은엄마의 어깨선을 따라 주저앉는 불빛 너머로 발소리도 없이 떠나가고

말 없이 손을 저으시는 작은엄마의 귀에만 들렸을 그의 마지막 페달 소리가 백곡의 물살 되짚으며 선산 쪽으로 저물어 갔다.

슬플 때는 왼손을 써요

슬플 때는 왼손을 써요, 그의
말이 끝나기도 전에 첫눈이
내릴 거라는 소식이 들려왔다 난
첫눈이야 오든 말든
간밤의 기억을 발판 삼아
어제든 내일이든
아무 데로나 뛰어오를 참이었는데
그래도 첫눈은 첫눈, '첫'이라는
글자가 태어나는 동안 줄곧
그다음에 이어질 글자들을 떠올렸다
아직 첫눈 속에 갇혀 있는 나의 청춘도,
하나뿐인 인질을 놓쳐버린 나의 사랑도,
첫, 이라는 외마디를 붙들고는
옴짝달싹 못하는 나를 두고
슬플 때는 왼손을 쏜다니까요, 하는
그의 글자들이 갑자기
눈발처럼 퍼붓기 시작했다
하나도 슬프지 않은데도

오른손을 움직일 수 없었다
왼손을 쓰기 위해 나는
문득 슬퍼지기 시작했다
반드시 슬퍼져야만 했다

빈집

  그는 늘 빈집을 달고 다녔다. 길을 나설 때면 조그만 집 한 채가 투명한 그림자처럼 그를 뒤따랐다. 문패도 번지수도 없이* 꿈꾸는 공기들로 가득 찬 집. 반쯤 열린 문으로 새 울음소리 새겨지는 하늘과 갓 핀 꽃봉오리를 등처럼 켜 든 나무들이 수시로 들락거렸다. 저수지 물가에 쌓는 돌탑처럼 세울 때마다 무너지는 집. 바람 불고 비 내리는 새벽녘이면 아픈 고막처럼 삐걱거리는 창문 너머 글자 없는 문패를 들고 서성이는 걸음 소리가 창백하게 사무쳐왔다. 고개를 돌릴 때마다 뒤쪽으로 사라지고 마는 집. 그는 한 번도 그곳에 들어가 보지 못했다.

---

*대중가요 〈번지 없는 주막〉 중에서.

남해 여자

손을 갖다 대자
그녀는
푸르고 물렁물렁한 몸을 일으키며
심장 고동을 고스란히 느끼라는 듯,

온몸이 점점 투명해져서는
나한테만은
속내를 다 까 보이기라도 할 것처럼
저를 활짝 열어젖혔다

저 차가운 이마에 손이라도 얹어줄까
모른 척 뭍으로 달아나버릴까, 하던

난 푸르디푸른 그 속내에
한순간 물들어버렸다

나는 전속력이다

 전속력이다 잔뜩 부푼 여자애 하나 언덕을 달린다 햇살이 손가락으로 빠르게 바큇살을 돌린다

 징검다리에서 그만 널 놓치고 만다 저만치 개울에 빠진 얼굴이 날 빤히 쳐다본다 가쁜 물소리가 귓바퀴를 굴리며 달려간다 넌,

 꽃 말고 별이랬지 코스모스는 네 은하 속 떠돌이별, 네가 살던 집의 하얀 번지를 기억해 그날 속 모르고 깜빡이던 가로등은 무슨 말을 중얼거렸던 걸까 초등학교 담장 옆 골목길은 또 뭐라고, 걷다 보면 그곳이 되어주는 길들을 아직 지나는 중이야 넌 어디쯤이니

 사랑을 놓친 자리 마음이 되게 헐겁다
 연두였다 분홍이다 초록이다 빨강이다
 손짓 하나까지도 죄다 알록달록한,

 한 장 남은 꽃잎마저 떨구려 안간힘 쓰는 꽃샘바람 속을 간

다 널 지워야 하는 줄 알았는데 날 먼저 비워야 했다 얼마나 더 걸어야 내 안의 널 다 비우게 될까

  네게서 멀어지는 길이든 네게로 달려가는 길이든
  난 이렇게 전속력인걸!

간절곶

그곳을 지날 때마다 간절을 떠올렸다.

등대지기가 소싯적 놓친 물그림자 같은
지워지고 생겨나는 순간이 끝없이 겹치며
물살이 그려내는 검정빛 환한 무늬들

(아내 잃고, 해일에 잠긴 곳처럼 주저앉던 아버지. 나는 내 간절에 빠져 그의 간절을 읽지 못했네.)

그렇게 그는 죽어서야 만날 사람을 기다리고 있었다.

물길에 가로막힌 걸음을 어디로 꺾어야 하는지 누구도 말해주지 않았지만,

신의 손가락이 가리키는 곳에는
아무도 없으리란 사실을 깨달았을 때는
이미 바다를 등지고 걸어가는 중이었다.

어떤 간절은 너무 커서 눈으로는 볼 수 없는 것,
간절을 바라는 마음만 늘 같은 자리를 맴돌았다.

모든 곳이 간절이었고 매 순간이 간절이었다.

세상 어디에나 검게 반짝이는 슬픔이 있었다.
그곳을 떠올릴 때마다 노래를 낳는 새를 꿈꾼 적 있다.

춘설(春雪)

목련나무 잘려 나간 가지 끝 새로
뻗치는 핏줄 속을 흐르기 시작하는
연둣빛 피톨들, 잔설로 나부끼는
슬픔의 환한 입자들, 사랑을 놓치고
어둠 번지는 플랫폼을 홀로 서성이는
누군가의 구둣발 소리, 서늘히 비껴간
한 마디는 어느 날 문득
꽃등을 밝히고 아린 봄밤을 당기리
이—별로 가는 길 위에
첫발을 얹는 사람의 가쁜 숨소리
잠잠한 수면을 휘젓는 바람결 따라
울먹울먹 고개 드는 그림자
꽃의 가능성 속으로
불그레하게 번지는
볼웃음 소리

도돌이표 엄마

엄마를 떠올릴 때마다
자꾸 뒷걸음질을 쳐요

한 발짝만 뒤로 가도
바로 열다섯,
열 걸음 스무 걸음을 가도
또 그 자리,

엄마는
첫 소절만 부르다 마는 노래처럼
도돌이표로 떠오르고

엄마보다 늙은 나는
날마다 무럭무럭 자라나요

몸빛, 아버지

엄마 무덤 아래 모로 누운
아버지 몸빛,
푸른색이었나
붉은색이었나
농약 내 가시지 않은 채
희한한 물감으로
산자락을 분칠해놓더니
울화로 들끓던 속내는
또 무슨 빛깔로 물들었던가
구름은 구름대로
물결은 물결대로
몸빛 수시로 바꿔가며
제 갈 길 찾아가는데
그이 몸빛 닮은 내 맘은
또 무슨 색으로 물들어갈 텐가
사내 한 생을 죄다 물들이고도
아직 남았다는 듯
갈수록 짙어가는 저 빛깔,

몸살 앓는 밤
나지막이 불러보는 아버지,
아무래도 색바래지 않는
그의 마지막 몸빛!

쑥꽃

아버지는 엄마 무덤으로 갔다.

아버지가 떠나고 나서
꽃 무더기가 생겨났다.

산자락이 조금 환해지기도 했다.

마성(麻城) 터널

 햇살이 자꾸 마음을 난도질해요. 나는 또 터널 앞에서 머뭇거려요. 죽음의 이력을 더는 들키고 싶지 않아요. 언제부턴가 마성(魔聲)이란 글자만 계속 떠올려요. 그날도, 수학여행을 가던 사월이었나요? 앞으로나란히 하듯 한 줄로 늘어선 버스들이 터널 속으로 들어서는 중이었나요? 불현듯 귓속을 파고드는 불협화음들! 앞차의 꼬리와 부딪치려는 찰나 깜깜한 머릿속을 훑고 간 빛줄기는 무엇이었나요? 터널을 지나온 바람에게 들었는지, 나뭇잎들이 뭔가를 속기하듯 써 가고 있어요. 글자들이 다 흐트러지기 전에 저걸 어서 베껴야 하는데 햇빛이 또 눈을 가려요. 허공의 글씨가 금방이라도 지워질 것 같아요. 눈 대신 귀로 새기란 건가요. 차들이 부딪치는 소리 말고는 아무것도 안 들리는데요. 나는 다시 태어나는 건가요. 마음은 아직 터널을 빠져나오지 못하고 있는데요.

막차

 종점이 가까워지면 바퀴는 집요하게 달라붙은 흙덩이를 투덜투덜 털어내기 시작한다. 공회전의 타이어에 튕겨 나가는 돌멩이들은 여태껏 말로 풀어내지 못한 울화. 마지막까지 자리에 앉아 있던 반백의 사내가 취기 찌든 한쪽 발을 바닥에 마저 내려놓는 순간 내일과 어제 오늘이 복권 구슬처럼 한꺼번에 뒤섞인다. 숨 가쁘게 뛰어와선 고달픈 할당량을 들이밀던 작업복의 땀내와 손잡이에 매달려 한참을 졸아대던 긴 생머리, 짧은 눈인사와 함께 새빨간 구두코를 다짜고짜 올려놓던 파마머리와 방금 떠난 사내의 뒤통수가 식어가는 엔진 소리를 따라 조금씩 흐릿해진다. 바퀴가 구르기 시작할 때마다 손을 흔들어대던 기사식당 옆 은행나무도 새벽녘까지는 지친 팔다리를 풀어놓고 있을 것이다.

해설

치명적으로 붉은, 검정(어둠)의 세계

김정배(문학평론가·원광대 교수)

1. '모르는 척'하는 주체들

 나는 행복한가? 스스로 묻곤 한다. 사실 행복한 사람은 이 질문을 하지 않는다. 이 질문에는 불행이 내재해 있기 때문이다. 바꿔 질문해본다. 시인은 행복할까? 이 질문 또한 어딘지 어색하다. 개인적인 생각이지만, 시인은 본래 불행하니까. 그 불행을 통해 자신의 행복을 입증하는 존재니까. 박완호 시인의 시집 속에서 무심코 시 한 편을 꺼내 읽는다. "삶이든 죽음이든,/불행이든 행복이든,//뭐든 처음부터 한 몸이었을 거라고/모르는 척,/그냥 속은 셈 치면 될 테니까요"(「셈 치기」)라는 구절에 오래 머문다. 무엇이든 처음에는 한 몸이었을 것이라고 모르는 척 믿는 시인은 이 세상에서 과연 어떤 질문을 던

지며 살았던 것일까. 우연인지 모르겠지만, 그는 이번 시집에서 '행복'과 '불행'이라는 단어를 단 한 번씩만 썼다. 어쩌면 박완호 시인은 그 두 단어를 '모르는 척' 이번 시집 속의 씨앗 혹은 열매로 슬쩍 묶어놓았을지도 모른다.

궁금했다. 처음부터 한 몸이었을 행복과 불행이 이 시집의 텃밭에서 어떻게 자라는지. 시인이 경험하는 세계와 기억하는 세계 사이에서 지금껏 어떤 질문을 파종하며 살았는지. 궁금증과 호기심을 해결하기 위해서는 우선 그의 작품에서 읽어낼 수 있는 '경험하는 주체'와 '기억하는 주체'에 대한 환기가 필요하다. 행동경제학자인 대니얼 카너먼(Daniel Kahneman)은 인간의 행복을 논하는 자리에서 '경험하는 주체'와 '기억하는 주체'를 구분하여 언급한 바 있다. 또한, 그는 인간이 좀 더 행복해지기 위해서는 경험하는 자기(experiencing self)보다는 기억하는 자기(remembering self) 쪽에 무게중심을 옮겨놓아야 한다고 말한다. 인간은 순간을 기억할 수 없고, 모르는 것을 경험할 수 없기 때문이다. 카너먼의 말에 동조한다면, "기억과 경험은 다르며, 미래란 기억을 예상하는 것"이 된다. 행복은 곧 기억하는 주체의 몫으로 작용한다.

하지만 박완호 시인은 '경험하는 주체'와 '기억하는 주체' 모두를 하나의 시상으로 모르는 척 묶어낸다. 어떤 하나의 의미나 개념으로 환원되기를 꺼리는, 그래서 "녹슨 출입문처럼 삐걱거리는 신호 대기음"(「오늘의 당신」) 같은 시편들을 그는 우리 앞에 내어놓는다. 우리가 박완호의 이번 신작 시집에서 마주하는 시적 생성의 지점은 바로 그런 것이다. 시인 자신도 모르는 사이에 순간의 경험에 붙들리고, 자신도 기억하지 못하는 기억에 호명되어 "모르는 쪽으로 툭하면 고개를 돌리는"(「모르는 쪽으로 고개가 돈다」) 그런 불행과 행복의 순간 말이다. 이를 통해 누구도 시인을 호명하지 않아도 그의 무의식 속에서 '경험하는 주체'와 '기억하는 주체'는 하나의 신호 대기음에 맞춰 "눈길 가닿는 자리마다 낯익은 이목구비와 처음 마주하는"(「모르는 쪽으로 고개가 돈다」) 곳에서 시의 자장을 형성한다. 박완호 시인의 신작 시집 『누군가 나를 검은 토마토라고 불렀다』와 만나는 독자는 "생판 모르는 동네"(「안녕, 가세요?」)에 온 듯, "어딘지 모르는 길을 각자 걸어가는"(「허무답보(虛無踏步)」) 방식으로 그의 작품과 조우하게 된다. 시인 또한 "훗날 새로 돋아날지 모르는 사랑의 실낱같은 가능성을 두고"(「사월 초하루」) 이 시집을 천천히 읽어나가는 독자의 시 독법을 '모르는 척' 허락할 것이다.

2. 치명(致命)에 가닿는 편린들

불행의 경험과 행복한 기억은 때로 치명(致命)에 가닿기도 한다. 박완호 시인에게 치명은 "붉은 생각"(「토마토 베끼기」)

을 품고 있어, 한번 손에 쥐고 나면 놓치고 싶지 않은 것들로 채워진다. 혹은 "모래 속에 몸을 숨긴 채 꼬리만 살짝 내놓은"(「치명적인,」) 존재(들)로 받아들여진다. 그 치명적인 유혹을 감내하는 것은 시인만의 몫이 아니다. 무방비로 서 있는 수많은 '나'와 '너'다. 이때의 '나'는 '경험하는 주체'에 가깝다. 시인은 그 시적인 장면을 "적막의 자궁을 제 손으로 찢어가며 울음도 없이/홀로 태어나는"(「별책부록-K」) 현재의 순간으로 환원시킨다. 그 울음이 '너'라는 존재의 '기억하는 주체'로 인식되기 위해서는 보다 유기적인 이해의 관계망이 필요하다. 우선 작품 한 편을 읽어보자.

    토마토의 불안을 본다, 는 문장을 쓰고 있을 때 그가 문을 열고 들어왔다 마침표를 찍기 전이었다 마침표를 찍을까 말까를 고민하던 순간이었는지도 모른다 토마토는,

    치명적으로 붉은 생각을 품은, 손바닥으로 살짝 감싸기에 알맞은 크기의, 한번 손에 쥐고 나면 놓치고 싶지 않은, 말랑말랑하고도 질긴 근육질의, 처음인지 마지막인지 자꾸 되묻는 연애처럼 비릿해지는

    식물성의 혈통으로 붉게 술렁이는 생즙, 마시고 나면 아무것도 남지 않을, 벼락 맞은 나무처럼 창백해지는 유리

잔, 피톨처럼 묻은 알갱이들, 엄마, 라고 하면 상투적인 것
같아 다른 발음으로 부르고 싶어지는

　한 사람을 본다 사랑, 이라고 쓰면 그게 누구야 하는 질
문들 비좁은 틈바구니를 가까스로 빠져나온, 토마토와 나
의

　낯빛이 짙붉게 포개지는 순간, 누군가 나를 검은 토마토
라고 불렀다 나는 문득 낯부끄러운 꿈을 꾸다 들켜버린 토
마토가 되고 말았다
　　　　　　　　　　　　　　　─「토마토 베끼기」 전문

　왜 토마토일까? 시인이 마주하는 토마토는 "치명적으로 붉은 생각을 품고" 있는 자기 기억의 편린 중 하나이다. 이때의 토마토는 순간(경험)의 존재라기보다는 어떤 기억의 과정에 놓인 관계의 사물로 인식할 필요가 있다. 이에 대해 시인은 "왜 토마토냐고요?/사과는 많이 건드렸으니까요"(「토마토 기분」)라고 고백한다. 토마토와 사과를 비교하는 과정에서 우리가 확인하게 되는 것은 시인이 현시하는 단순한 시적 언술이 아니다. 그 시적 언술 안에 내재한 경험과 기억에 대한 불안이다. 기본적으로 그 불안은 사과의 느림과 토마토의 빠름이 대비되면서, 하나의 존재가치를 기억하고 경험하는 복합

적인 방식으로 증언된다. 시인이 토마토의 기분을 지향하는 것도 이 때문이다. 현재 토마토의 기분을 느끼고 있는 시인은 토마토를 토마토로 보지 못하는 많은 자아와 고투 중이다. 정확히 말하자면, 빨간 토마토가 되지 못하고 파란 토마토에 머물러 있는 시인의 불안한 심리가 내재한 것이다. 그런데도 시인은 조금은 파랗고 탱탱하기까지 한, 빨개지기 직전의 어떤 감정을 경험의 시적 순간으로 농축해낸다.

  시집의 표제작이기도 한 「토마토 베끼기」는 그 연장선상에서 이해할 수 있다. 「토마토 기분」에서 표출되는 감정을 스스로 유지하고 싶지만, 시인에게는 그것조차 만만찮은 일이다. '너'로 대변되는 치명적인 존재들이 끊임없이 '나'라는 존재가 지닌 기억과 경험의 순간을 복잡하게 와해시킨다. 그 지점에서 파생되는 불안을 단순히 타자의 탓으로만 돌릴 수 있을까. 그렇지 않다. 토마토의 불안을 생성하는 것은 바로 시인(나) 자신이기 때문이다. '불안'이라는 문장에 마침표를 찍느냐 마느냐에 따라 그 의미는 언제든지 달라질 수 있음을 환기한다. 이 지점에서 문득 문인들 사이에서 회자되었던 마침표, 다시 말해 시 문장 뒤의 유점과 무점에 대한 에피소드가 떠올랐다. 요지는 '시인은 왜 마침표를 찍지 않는가'이다. 답 또한 흥미로웠는데, 이에 대해 시인 진은영은 시에 마침표를 찍으면 시인이 그 자체를 갑갑해 한다는 점에 주목했다. 마치 마침표를 찍으면 문장이 완성되었다고 선언하는 것 같아 어색하다고도 말한다. 반대로 마침표를 안 쓰면 문장들이 깨진 채 아슬아슬하게 붙어 있는 듯 보여 강의 얼음판 같은 느낌이 든다고 이야기한다.

  박완호 시인이 포착하고 있는 토마토 또한 마침표를 찍지 않은 강의 얼음판 같은 감정으로 전이시켜 볼 수 있다. "마침표를 찍을까 말까를 고민하던 순간"의 불안은 어쩌면 "처음인지 마지막인지 자꾸 되묻는 연애처럼" 시인에게는 비릿하고 불안한 감정으로 자각되기 때문이다. 자꾸 되묻고 규정하지 않는 과정에서 시인의 기억은 과감히 상투성을 벗어버리고, "구름 뒤편 행성의 산책로를 홀로 서성거리고 있을 한 시인"(「어떤 달이 소식을 물어왔다」)의 모습으로 변모해간다. 이 과정에서 시인은 "혀가 딱딱하게 굳어버린"(「당신의 발음」) 자기 자신에 대한 파편을 긍정적으로 회복하려 든다. 문제는 아직 덜 빨개진 토마토에서 "치명적으로 붉은" 토마토가 되기 직전의, 나를 경험하거나 기억하고 있는 다른 타자에 의해 "누군가 나를 검은 토마토라고" 마침표를 찍는다는 점에서 찾을 수 있다. 시인은 "시라는 이름으로만 부르고 싶은 맘에/아무것도 되지 않으려는 것들과 씨름하다가" 결국 토마토가 환원하는 검정(어둠)이라는 세계에 꿈을 꾸듯 붙들리고 만다.

3. 이름 없는 세계의 바깥

박완호 시인은 "이름 없이도 한세상을 가득 채우는/그런 순간"(「꼭 시가 아니라도」)을 꿈꾼다. "세상에는 닮은 이름을 지닌 길들"(「오늘의 나는,」)이 많지만, 시인은 그 경험과 기억의 편린을 모아 자기 존재를 완성하는 소실점으로 불러들인다. 그러기 위해서는 시인조차 자신의 삶에 마침표를 찍지 않는 시적 도정에 머물러야 한다. 이런 다짐은 "난 아직 내 이름을 모르는"(「당신의 발음」) 존재로 우리 곁에 다가선다. 과연 시인은 그런 존재를 다시 회복될 수 있을까.

> 나의 새들은 종(種)이 없다
> 본가 없는 선천성 떠돌이처럼
> 주소 불명의 꽃씨들처럼
> 나의 새들은 날개가 없다
> 아무 데도 못 가면서 먼 곳을 바라보는 나무처럼
> 나면서부터 눈먼 타고난 소리꾼처럼
> 엄마도 없이 세상에 내동댕이쳐진 아이처럼
> 나의 새들은 부리가 없다
> 날지도 못하고 노래도 못하면서
> 끝끝내 새이기를 꿈꾸는 나의 새들은
> 어제의 새다 내일의 새다 아니
> 오늘의 새일 뿐이다
> 나의 새들은 얼굴이 없다

이목구비를 못 가졌으니 더는 버릴 게 없다

긴 꿈에서 깨어날 일도 없다

나의 새들은 이름이 없다

무언가가 되려 할 뿐

애초부터 아무것도 아니었던

나의 새들은 그림자가 없다

팔다리를 세게 휘저어 봐야 텅 빈 허공뿐,

그들처럼 나도

그림자를 지운 지 오래다

나에게는 이제 새가 하나도 없다

―「나의 새들」 전문

시는 바깥과 안의 마주침을 통해 진정한 시적 사유의 지점을 창조해낸다. 이때의 마주침은 독자나 시인에게 어떤 보편적 사유를 강요하는 것이 아니라, 경험과 기억의 마찰에 의해 생성되는 감응의 주파수에 실감을 맞춘다. 이 감응은 시인과 세계를 소통하게 하며 서로를 이항의 영향 관계 안에 놓는다. 중요한 사실은 시인이 감응하는 바깥의 사유는 늘 비자발적이며, 항상 어떤 외부적 상황과의 영향 관계 속에서 새로운 창조로 이어진다는 점이다. 이 과정에서 모든 동일성은 사라지고, 그 밖의 모든 근거는 와해되기도 한다. 프랑스의 철학자 질 들뢰즈(Gilles Deleuze)는 이 지점에서 우리가 발견해야

할 시적 진실은 오로지 비자발적 사유를 통해서만 가능하다고 진단한 바 있다. 이 전언에 빗대어 그가 기가 막히게 비유해낸 절지동물이 바로 거미다. 거미는 아무것도 보지도 지각하지도 기억하지도 못하는 비자발적 사유를 통해 생명 같은 창조성을 확장시킨다. 자신이 알아야 할 진실이 무엇인지에 대해 알 수 없기에, 거미는 그 어떤 계획도 세우지 않는다는 점에서 시인의 형상을 닮는다. 오직 거미줄 같은 텍스트에 걸린 시적 기호를 단서 삼아 시인은 영영 모르는 쪽으로 고개를 돌릴 뿐이다.

박완호 시인의 시에서 거미와 같은 단서를 제공하는 매개는 바로 '새'다. 그는 인간이 습관적으로 반복하는 자발적 능력을 '새'라는 매개로 환기한다. 마치 "시인은 바람과 새의 또 다른 근친"이거나 "족보"(「시인의 근친」)를 가졌다고 말하기도 한다. 자발적 기억은 기억하고 싶은 것만을 기억하게 하며, 자발적 사유는 사유하고자 하는 것만을 사유한다는 시인의 경험적 시선이 맞물려 있는 것이다. 이러한 과정에서는 이미 알고 있는 현상만이 반복적으로 도출된다는 점을 시인 또한 자각한다. 거기에는 어떤 낯섦도 없고, 감응도 없으며, 시인이 새롭게 발견하고자 하는 시적 진실이나 삶의 진정성 또한 담보 받지 못한다.

따라서 이번 시집을 통해 시인이 회복하고자 하는 또 하나의 모습은 규정되지 않는 비자발적 존재로의 회귀이다. 이것은 시인에게 존재의 시원으로 작용하는 동시에 경험이 반복되어 기억으로 환원되는 과정에서 나타나는 이 시집 전체의 시적 기투이기도 하다. 「나의 새들,」에서 묘사되는 새들은 그래서 '종(種)'이 없다. 그 어떤 의미에도 구속되지 않음으로써 자유롭다. 본가가 없고, 주소가 불명인 탓에 "나면서부터 눈먼 타고난 소리꾼처럼" 원초적인 추억을 욕망할 수 있다. 비록 시인의 기억과 경험 속에서 '어제의 새'와 '내일의 새' 그리고 '오늘의 새'가 불안하게 교차하지만, 시인이 바라보는 새들은 이미 얼굴이 없어서 버릴 게 없고 이름 또한 없으니, 그 무엇에 규정당하지 않아도 되는 원초적 존재이다.

　박완호 시인에게 이름의 바깥에 선다는 것은 일종의 축복처럼 여겨진다. 마치 "누군가 멋대로 휘갈겨놓은 내 이름처럼"(「허무답보(虛無踏步)」) 규정당하지 않음으로써 자신을 규정할 수 있는 시인만의 자기 갱신적인 개별성을 회복한다. 이러한 시인의 시적 인식은 시집 전반에 걸쳐 두루 나타나는데, 가령 "꽃도 별도 되지 못한 이름들"(「블랙 코드」)이나 "하늘이, 땅이, 구름이, 온갖 풀과 나무와 새와 물고기들이 한목소리로 제 이름을 부르는/최초의 음악"(「별책부록-K」)으로 형상화되기도 한다. 시인이 사유하고 있는 그 모든 이름은 반드시 시가 아니더라도, "시라는 이름으로만 불리길"(「꼭 시가 아니라도」) 희망하는 시인만의 절실한 실존 자각인 동시에 시인이 끝내 도달하고자 하는 시원이기도 하다. 그래서 시인은 "오늘은 시라고 부르지 않아도/스스로 반짝이는 것들과/한바탕 어울리는 중"이며, 그 이름들과 "외길이라는 이름의 세상 한가운데"(「외길」)에서 자신이 끝내 마주하고 싶은 검정(어둠)의 세계를 다시 그리워하듯 호명하게 된다.

4. 검정(어둠)이라는 세계의 그리움

'그리움에는 출구가 없다'라는 말이 있다. 문장을 그대로 빌려온다면 시인은 자주 '그리움'에 갇혀 스스로를 헤매는 존재다. 안에 갇힌 자는 밖을 그리워하고, 밖에 갇힌 자는 안을 그리워한다. 시인은 안과 밖 어디에 갇혀 있든 간에 일부러 출구를 찾지 않는다. 박완호 시인의 이번 시집을 곰곰 살펴 읽으면서, 그가 지닌 그리움의 근원지에 대해 오래 생각해본다. 시인이 지닌 원초적인 그리움이나 혹은 경험하지 않은 것, 그가 지금껏 모르는 척 써 내려간 다양한 시적 이미지와 시의 감각을 읽어낼 때마다 우리가 맞닥트리게 되는 것은 검정(어둠)으로 점철된 세계의 '거대한 침묵'은 아닐까.

    검은 라벨이 붙은 술 하나를 선물 받았다

    도무지 속을 들여다볼 수 없는

어둠 속에 잠긴 발자국 같은
찰나의 침묵,

소란스럽게 짖어대는 개들의
당당한 비겁 너머
는개 나부끼는 새벽이
소리 없이 다가서고 있었다

별을 그리는 사람은 별이 되고
꽃을 노래하는 사람은 꽃으로 태어난다는 소문을
그대로 믿는 사람은 아무도 없었지만

검은 라벨이 달린 술병에 든
달콤한 낙담을 거푸 들이켜 가며
때로는 삶을 때로는 죽음을 꿈꾸는
이곳에서의 기억은 곧 새까맣게 지워질 것이다

새까맣게 된다는 건
가장 깨끗해지는 일,

꽃도 별도 되지 못한 이름들
하나둘 스러져가는 이곳에서

당당한 비겁보다도 못한
정의는 얼마나 눈부시던가?

검은 꿈을 꾸는 정신 속을 파고들지 못하는 빛, 빛들이

검은 라벨을 달고 거대한 침묵으로 태어나는 밤, 나는

더는 어떤 꿈도 꾸지 못할 것이다
어떤 꿈도 더는
나를 가두지 못할 것이다
—「블랙 코드」 전문

  시인의 말처럼 "새까맣게 된다는 건/가장 깨끗해지는 일," 이다. 이 말에 동조한다. 검은색의 모순 개념은 흰색이 아니라 검지 않은 색이기 때문이다. 다시 말해 검은색과 검지 않은 색 사이의 중간에는 그 무엇도 존재하지 않는다. 박완호 시인은 검정(어둠)이라는 세계에서 "별을 그리는 사람은 별이 되고/꽃을 노래하는 사람은 꽃으로 태어난다는 소문"을 곧이곧대로 믿지 않는다. 다만 "도무지 속을 들여다볼 수 없는/어둠 속에 잠긴 발자국 같은/찰나의 침묵," 속에서만 그 모순을 확인한다. 만약 세상의 많은 그리움이 어떤 사유의 대비를 통해 형상화된다면, 시인은 검정(어둠)이라는 세계를 절대

그리워하지 않고 오히려 그 반대를 찾아 침묵할 것이다. 하지만 시인은 알고 있다. 어둠 속에는 이미 "빛 반 어둠 반"(「구부러진 골목」)의 세계가 내재하거나 "검정빛 환한 무늬들"(「간절곳」)이 도사리고 있다는 것을. 그래서 시인은 검은 혹은 검지 않음의 모순적 상황 속에서도 자기 그리움의 서정을 안정적으로 되짚어갈 수 있게 된다. 그 서정의 힘은 지금껏 시인이 궁극적으로 탐색해왔던 "무늬의 말들, 사랑이라는 발음을 가진 사람들, 삶이라는 죽음이라는 빛깔을 지닌 순간들,"(「경계를 서성이는 동안」)로 집약된다. 이러한 이유로 시인은 "검은 꿈을 꾸는 정신 속"에 그 어떤 자발적 사유도 파고들지 못한다. 설령 그것이 빛이라도 말이다. 시인은 오로지 "어둠이 깊어갈수록 맑아지는 눈빛"(「한 무정부주의자의 기억」)을 희미하게 기억할 뿐이다. "어둠의 환한 모퉁이에 갇혀/어디로 가야 할지 모르는" 이들에게 "무작정 앞으로만 나아갈"(「한낮을 헤매다」) 방향을 점지할 뿐이다.

    종점이 가까워지면 바퀴는 집요하게 달라붙은 흙덩이를 투덜투덜 털어내기 시작한다. 공회전의 타이어에 튕겨 나가는 돌멩이들은 여태껏 말로 풀어내지 못한 울화. 마지막까지 자리에 앉아 있던 반백의 사내가 취기 찌든 한쪽 발을 바닥에 마저 내려놓는 순간 내일과 어제 오늘이 복권 구슬처럼 한꺼번에 뒤섞인다. 숨 가쁘게 뛰어와선 고달픈 할당량을 들이밀던 작업복의 땀내와 손잡이에 매달려 한참을 졸아대던 긴 생머리, 짧은 눈인사와 함께 새빨간 구두코를 다짜고짜 올려놓던 파마머리와 방금 떠난 사내의 뒤통수가 식어가는 엔진 소리를 따라 조금씩 흐릿해진다. 바퀴가 구르기 시작할 때마다 손을 흔들어대던 기사식당 옆 은행나무도 새벽녘까지는 지친 팔다리를 풀어놓고 있을 것이다.

─「막차」 전문

시집의 마지막에 수록된 「막차」는 지금까지 시인이 경험한 모든 삶의 불가피를 통섭해낸다. 마지막(종점)을 향해 가는 버스 안에서 취기에 찌든 사내가 한쪽 발을 바닥에 마저 내려놓는 그 순간, 시인은 '경험하는 주체'와 '기억하는 주체' 모두를 한 공간으로 불러 세운다. "내일과 어제 오늘이 복권 구슬처럼 한꺼번에 뒤섞이듯" 시인이 지금껏 증언해왔던 '경험'과 '기억'은 이곳에서 한데 뒤엉킨다. 한통속이 된다. 시인이 할 수 있는 일이라곤 '검은 라벨'이 붙은 술을 마시고, "때로는 삶을 때로는 죽음을 꿈꾸는/이곳에서의 기억"(「블랙 코드」)을 새까맣게 지우는 행위뿐이다.

사실 나는 시인을 모른다. 하지만 막차에 몸을 실은 취기 가득한 반백의 사내에게서 시인의 모습을 본다. 어둠 속에서 "제 속의 꺼져가는 불씨를 되살려가며 스스로 길을 만드는 이의 걸음"(「파꽃」)을 마주하게 된다. 그 막차에서 취기처럼 쏟아내는 시인의 곡진한 목소리와 사물의 감정을 꿰뚫은 어둡고 다정한 목소리가 새삼 깊고 검고 심오하게 들리는 이유는 "앞서거니 뒤서거니 우리는/똑같이 신기루의 꿈"(「허무답보(虛無踏步)」)을 꾸고 있기 때문인지도 모르겠다. 막차에는 세상의 질서와 이 삶을 살아내고자 하는 박완호 시인의 비자발적이고도 다양한 무질서가 공존한다. 이 지점에서 다시 시인에게 묻는다. 시인은 행복한가? 이 질문에 대해 시인은 모르는 척 오늘도 치명적으로 붉은, 검정(어둠)의 세계를 펼쳐 보인다. 시집이라는 막차에 우리 모두의 경험과 기억의 불가피를 싣고 떠난다.

이 도서의 국립중앙도서관 출판시도서목록(CIP)은 서지정보유통지원시스템 홈페이지(http://seoji.nl.go.kr)와 국가자료공동목록시스템(http://www.nl.go.kr/kolisnet)에서 이용하실 수 있습니다.(CIP제어번호: CIP2020045076)

시인동네 시인선 138

누군가 나를 검은 토마토라고 불렀다

ⓒ 박완호

초판 1쇄 인쇄	2020년 10월 26일
초판 1쇄 발행	2020년 11월 2일
지은이	박완호
펴낸이	김석봉
디자인	헤이준
펴낸곳	문학의전당
출판등록	제448-251002012000043호
주소	충북 단양군 적성면 도곡파랑로 178
전화	043-421-1977
전자우편	sbpoem@naver.com

ISBN 979-11-5896-491-7 03810

*이 책의 판권은 지은이와 문학의전당에 있습니다.
*양측의 서면 동의 없는 무단 전재 및 복제를 금합니다.
*잘못 만들어진 책은 바꿔드립니다.
*이 시집은 2019년 한국문화예술위원회 아르코창작기금을 지원받아 제작되었습니다.